Impressum
Verlag: BABADADA GmbH, Nedderfeld 112 , 22529 Hamburg
Geschäftsführer / Verlagsleitung: Harald Hof
Druck: Books on Demand GmbH, In de Tarpen 42, 22848 Norderstedt

Imprint
Publisher: BABADADA GmbH, Nedderfeld 112 , 22529 Hamburg, Germany
Managing Director / Publishing direction: Harald Hof
Print: Books on Demand GmbH, In de Tarpen 42, 22848 Norderstedt

école

makaranta

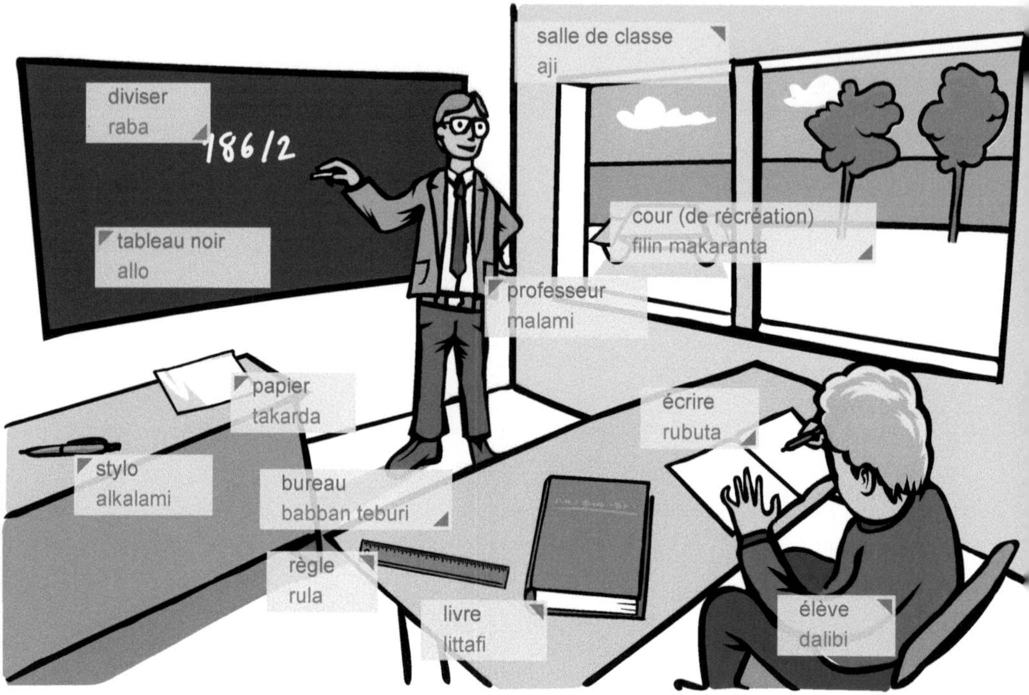

salle de classe
aji
diviser
raba
186/2
tableau noir
allo
cour (de récréation)
filin makaranta
professeur
malami
papier
takarda
écrire
rubuta
stylo
alkalami
bureau
babban teburi
règle
rula
livre
littafi
élève
dalibi

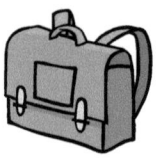

cartable
jakar makaranta

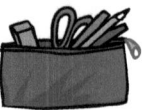

trousse
gidan fensir

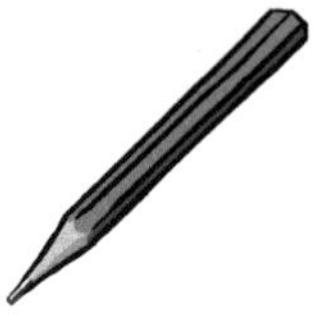

crayon
fensir

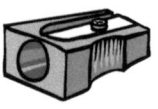

taille-crayon
abin fike fensir

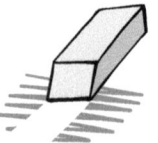

gomme
kilina

carnet à dessin
kwalin zane

dessin
....
zane

pinceau
....
burushin fenti

boîte de peinture
....
gwangwanin fenti

ciseaux
....
almakashi

colle
....
gam

cahier d'exercices
....
littafi aiki

devoirs
....
aikin gida

12

chiffre
....
lamba

2+2

additionner
....
kara

5-2

soustraire
....
debe

2×2

multiplier
....
yi sau

calculer
....
kwakuleta

lettre
....
wasika

ABCDEFG
HIJKLMN
OPQRSTU
VWXYZ

alphabet
....
harafi

mot
....
kalma

texte

rubutu

lire

karanta

craie

alli

leçon

darasi

livre de classe

rijista

examen

jarabawa

certificat

satifiket

uniforme scolaire

kayan makaranta

formation

ilimi

lexique

kundin ilimi

université

jami'a

microscope

madubin kimiyya

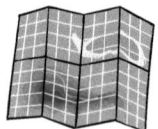

carte

taswira

corbeille à papier

kwandon shara

voyage
bulaguro

hôtel
otal
Grand
auberge
dakunan dalibai
ROOMS
bureau de change
gidan canjin kudi
CHANGE
valise
karamin akwati
voiture
karamar mota

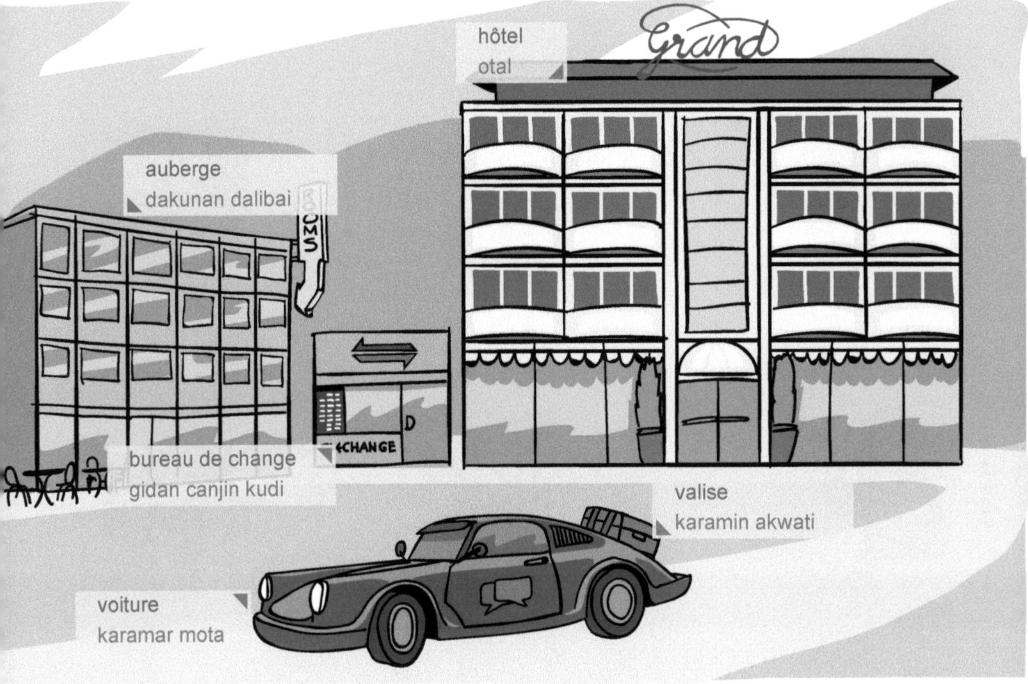

langue

yare

oui / non

e/a'a

d'accord

Ya yi

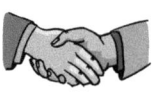

Salut

barka dai

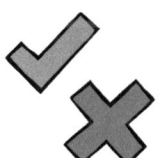

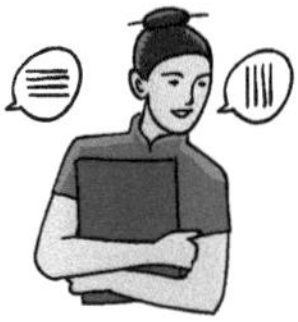

interprète

mai fassara

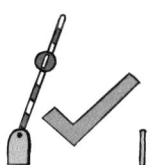

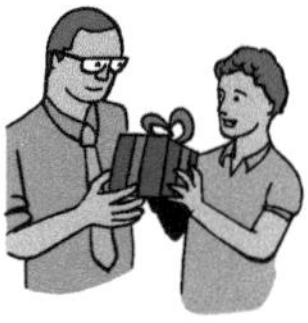

merci

Na gode

Combien coûte...?

nawa ne...?

Je ne comprends pas

ban gane ba

problème

matsala

Bonsoir !

Barka da yamma!

Bonjour !

Ina kwana!

Bonne nuit !

barka da dare!

Au revoir

sai an jima

direction

alkibla

bagages

kaya

sac

jaka

sac-à-dos

jakar goyawa

hôte

bako

pièce

daki

sac de couchage

jakar barci

tente

tanti

office de tourisme

bayanin dan yawon bude-ido

plage

bakin ruwa

carte de crédit

katin banki

petit-déjeuner

karin kumallo

déjeuner

abincin rana

dîner

abincin dare

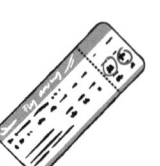

billet

tikiti

ascenseur

daga

timbre

hatimi

frontière

iyaka

douane

kudin fiton kaya

ambassade

ofishin jakadanci

visa

biza

passeport

fasfo

transport

abin hawa

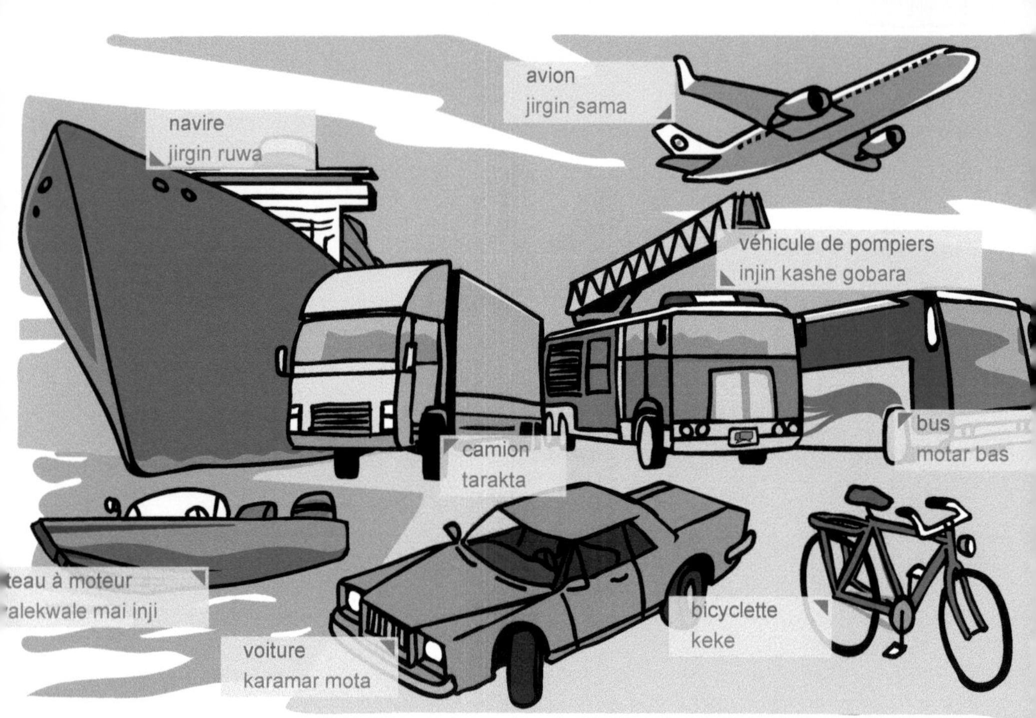

navire
jirgin ruwa
avion
jirgin sama
véhicule de pompiers
injin kashe gobara
camion
tarakta
bus
motar bas
teau à moteur
'alekwale mai inji
voiture
karamar mota
bicyclette
keke

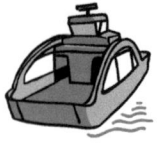

ferry

karamin jirgin ruwa

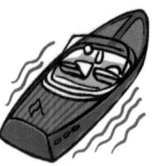

barque

kwalekwale

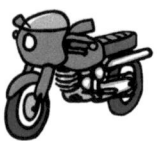

moto

babur

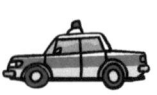

voiture de police

motar 'yansanda

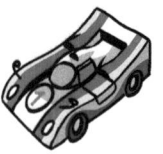

voiture de course

motar tsere

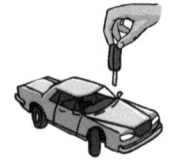

voiture de location

motar haya

auto-partage

tarayyar karamar mota

voiture de remorquage

babbar mota da ta lalace

benne à ordures

motar shara

moteur

mota

essence

mai

station d'essence

gidan mai

panneau indicateur

alamar titi

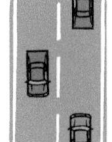

trafic

zirga-zirga

embouteillage

cunkoson ababen hawa

parking

wurin ajiye mota

gare

tashar jirgin kasa

rails

filin tsere

train

jirgin kasa

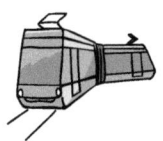

tramway

jirgin kasa mai kyabil

wagon

keken doki

hélicoptère
helikwafta

aéroport
filin jirgin sama

tour
hasumiya

passager
fasinja

conteneur
mazubi

carton
kwali

chariot
amalanke

corbeille
kwando

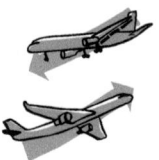

décoller / atterrir
tashi / sauka

ville

birni

village
kauye

centre-ville
tsakiyar birni

maison
gida

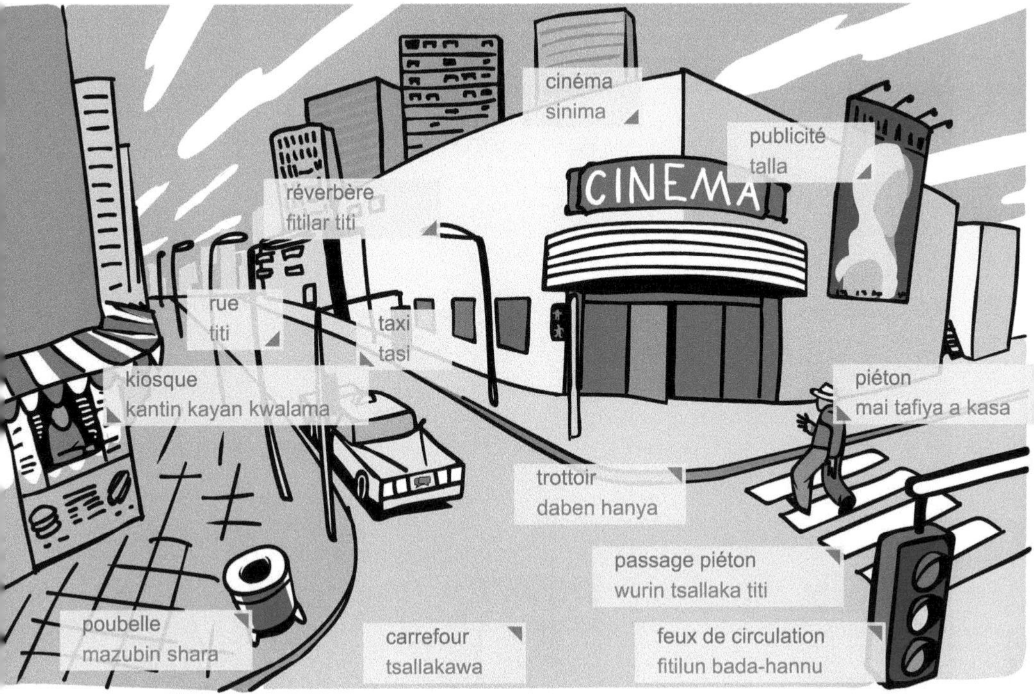

cinéma
sinima

publicité
talla

réverbère
fitilar titi

CINEMA

rue
titi

taxi
tasi

kiosque
kantin kayan kwalama

piéton
mai tafiya a kasa

trottoir
daben hanya

passage piéton
wurin tsallaka titi

poubelle
mazubin shara

carrefour
tsallakawa

feux de circulation
fitilun bada-hannu

cabane

bukka

appartement

shafaffe

gare

tashar jirgin kasa

mairie

dakin taro

musée

gidan kayan tarihi

école

makaranta

université jami'a	banque banki	hôpital asibiti

hôtel otal	pharmacie kantin magani	bureau ofis

librairie kantin littattafai	magasin kanti	fleuriste mai sayar da furanni

supermarché babban kanti	marché kasuwa	grand magasin kanti mai sassa

poissonnerie shagon sayar da kifi	centre commercial wurin sayayya	port matsayar jiragen ruwa

parc

ma'ajiyar motoci

banque

benci

pont

gada

escaliers

kafar bene

métro

karkashin kasa

tunnel

ramin karkashin kasa

arrêt de bus

matsayar bas

bar

mashaya

restaurant

gidan abinci

boîte à lettres

akwatin sakonni

panneau indicateur

alamar titi

parcmètre

mitar ajiye motoci

zoo

gidan namun daji

piscine

kwamin iyo

mosquée

masallaci

ferme
gona

pollution
gurbata

cimetière
makabarta

église
coci

aire de jeux
filin wasanni

temple
dakin bauta

paysage
fadin kasa

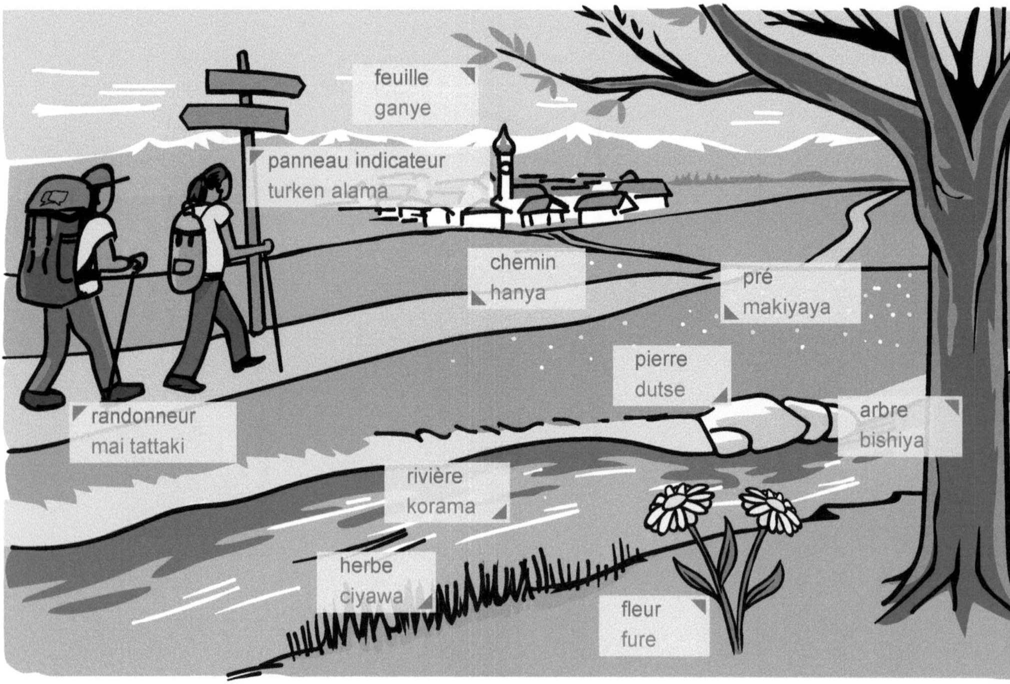

feuille
ganye

panneau indicateur
turken alama

chemin
hanya

pré
makiyaya

pierre
dutse

arbre
bishiya

randonneur
mai tattaki

rivière
korama

herbe
ciyawa

fleur
fure

vallée

kwazazzabo

montagne

tudu

lac

tafki

forêt

daji

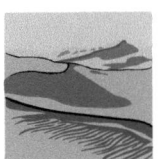

désert

hamada

volcan

amon dutse

château

fada

arc-en-ciel

bakan-gizo

champignon

malafar jaki

palmier

bishiyar kwakwar manja

moustique

sauro

mouche

kuda

fourmis

tururuwa

abeille

zuma

araignée

gizo

coléoptère

burgunguma

grenouille

kwado

écureuil

kurege

hérisson

bushiya

lièvre

zomo

chouette

mujiya

oiseau

tsuntsu

cygne

agwagwar ruwa

sanglier

aladen daji

cerf

namijin barewa

élan

kanki

barrage

dam

éolienne

lantarki mai iska

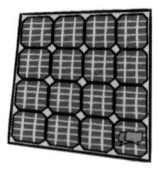

panneau solaire

farantin hasken rana

climat

yanayi

restaurant
gidan abinci

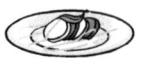

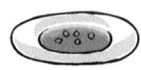

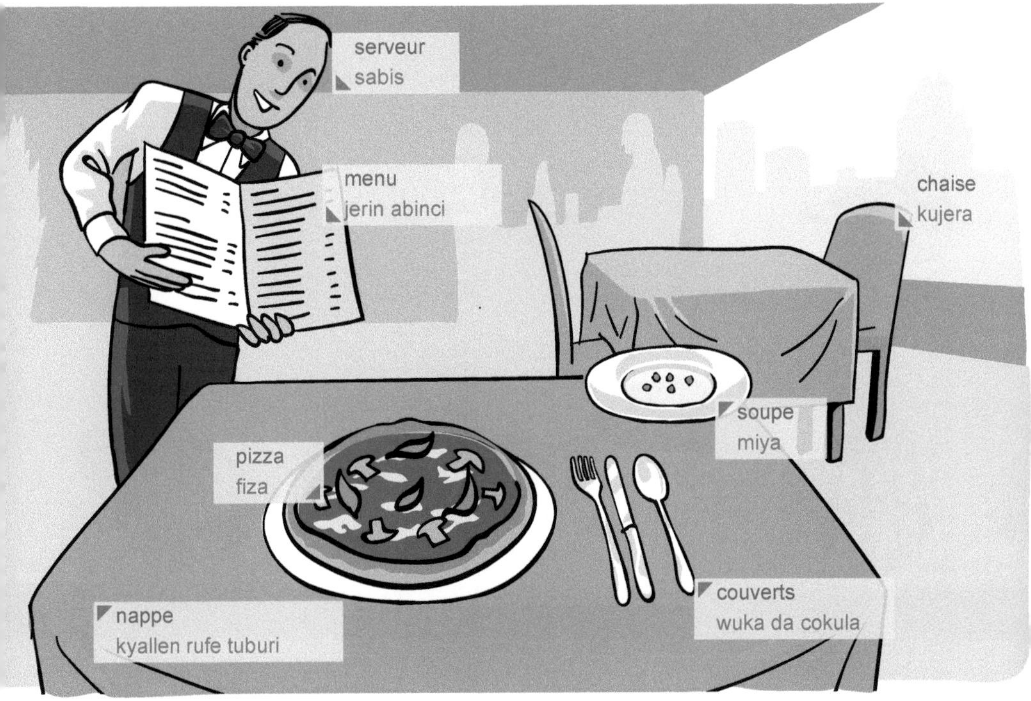

serveur
sabis
menu
jerin abinci
chaise
kujera
soupe
miya
pizza
fiza
couverts
wuka da cokula
nappe
kyallen rufe tuburi

hors d'œuvre

makunni

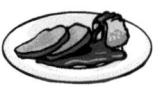

plat principal

babban abinci

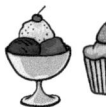

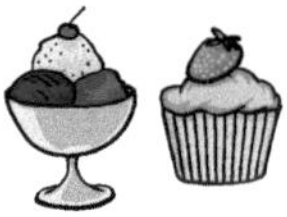

dessert

kayan zaki

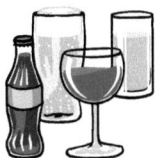

boissons

kayan sha

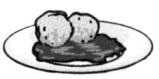

alimentation

abinci

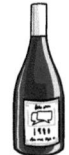

bouteille

kwalba

fast-food

abincin tafi-da-gidanka

plats à emporter

abincin titi

théière

tukunyar shayi

sucrier

kwanon sikari

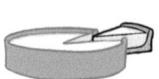

portion

gutsire

machine à expresso

injin hada kofi

chaise haute

kujera mai tudu

facture

doka

plateau

tire

couteau

wuka

fourchette

cokali mai yatsu

cuillère

cokali

cuillère à thé

cokalin shayi

serviette

kyallen cin abinci

verre

gilashi

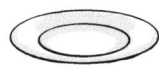

assiette
faranti

assiette à soupe
farantin miya

soucoupe
farantin kofi

sauce
hadin dandano

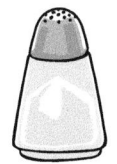

salière
mazubin gishiri

moulin à poivre
abin nikan yaji

vinaigre
lamurje

huile
mai

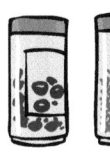

épices
kayan dandano

ketchup
miyar tumatir

moutarde
mustad

mayonnaise
mayonnaise

supermarché

babban kanti

offre promotionnelle
tayin musamman
FOR
client
abokin ciniki
produits laitiers
matatsar nono
fruits
kayan marmari
chariot
abin daukar kaya

BUTCHERS

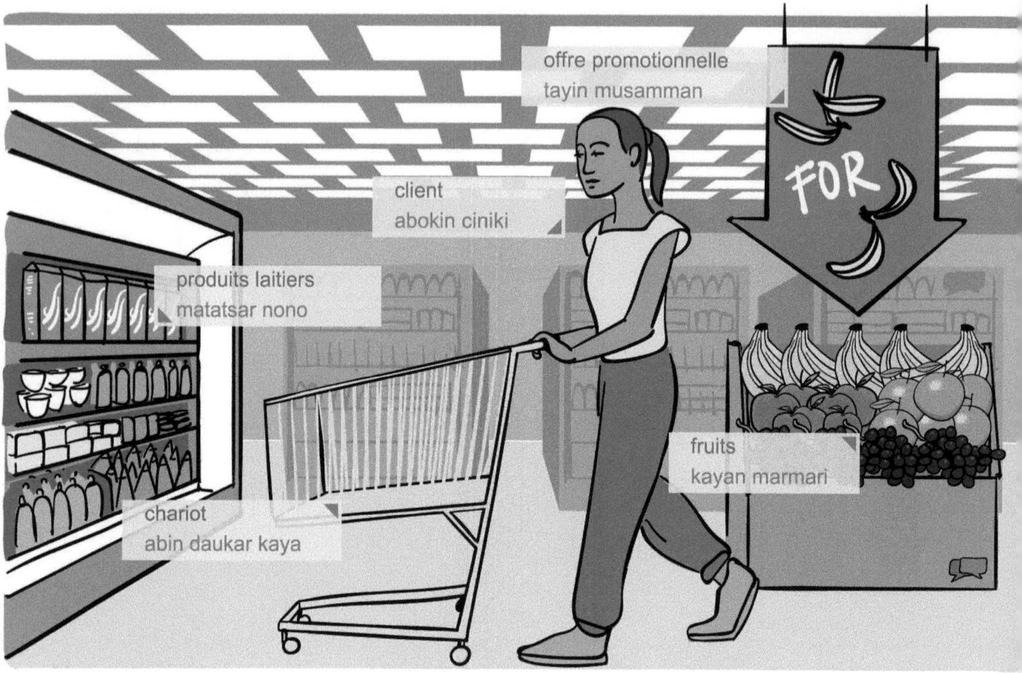

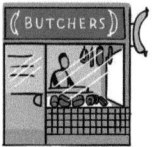

boucherie

na mahauci

BAKERY

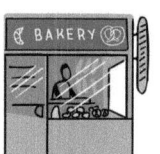

boulangerie

shagon mai burodi

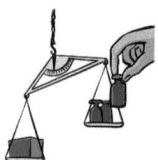

peser

auna nauyi

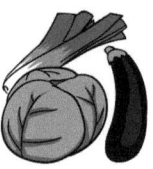

légumes

kayan lambu

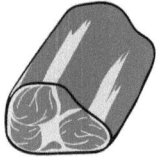

viande

nama

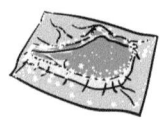

aliments surgelés

darkararren abinci

charcuterie

nama mai sanyi

conserves

abincin gwangwani

poudre à lessive

garin sabulun wanki

bonbons

alewa

articles ménagers

kayan amfanin gida

détergents

kayan tsafta

vendeuse

mai sayarwa

caisse

haro

caissier

mai biyan kudi

liste d'achats

jerin kayan sayayya

heures d'ouverture

sa'o'in budewa

portefeuille

alabe

carte de crédit

katin banki

sac

jaka

sac en plastique

jakar roba

eau

ruwa

jus de fruit

ruwan 'ya'yan itace

lait

madara

coca

coke

vin

barasa

bière

giya

alcool

barasa

chocolat chaud

koko

thé

shayi

café

kofi

expresso

bakin kofi

cappuccino

kofi mai madara

banane

ayaba

pomme

tufa

orange

lemon zaki

melon

kankana

citron

lemon tsami

carotte

karas

ail

tafarnuwa

bambou

gora

oignon

albasa

champignon

kunnen-jaki

noisettes

dangin gyada

pâtes

dangin taliya

spaghetti

sufageti

riz

shinkafa

salade

man salak

pommes frites

sala-sala

pommes de terre rôties

soyayyen dankali

pizza

fiza

hamburger

hambaga

sandwich

sanwich

escalope

kwan nama

jambon

naman alade

salami

salami

saucisse

kilishin turawa

poulet

kaza

rôti

gashi

poisson

kifi

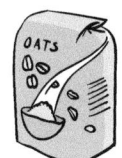

flocons d'avoine

kamun oats

muesli

muesli

cornflakes

kwamfiles

farine

fulawa

croissant

fanke

petits-pains

yankan burodi

pain

burodi

pain grillé

gashi

biscuits

biskit

beurre

bota

le fromage blanc

man shanu

gâteau

kek

œuf

kwai

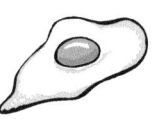

œuf au plat

soyayyen kwai

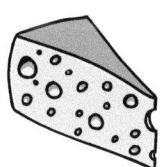

fromage

cuku

glace

askirim

sucre

sikari

miel

zuma

confiture

jam

crème nougat

cakuletin shafawa

curry

kori

ferme

gona

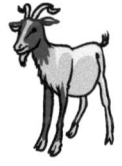

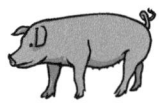

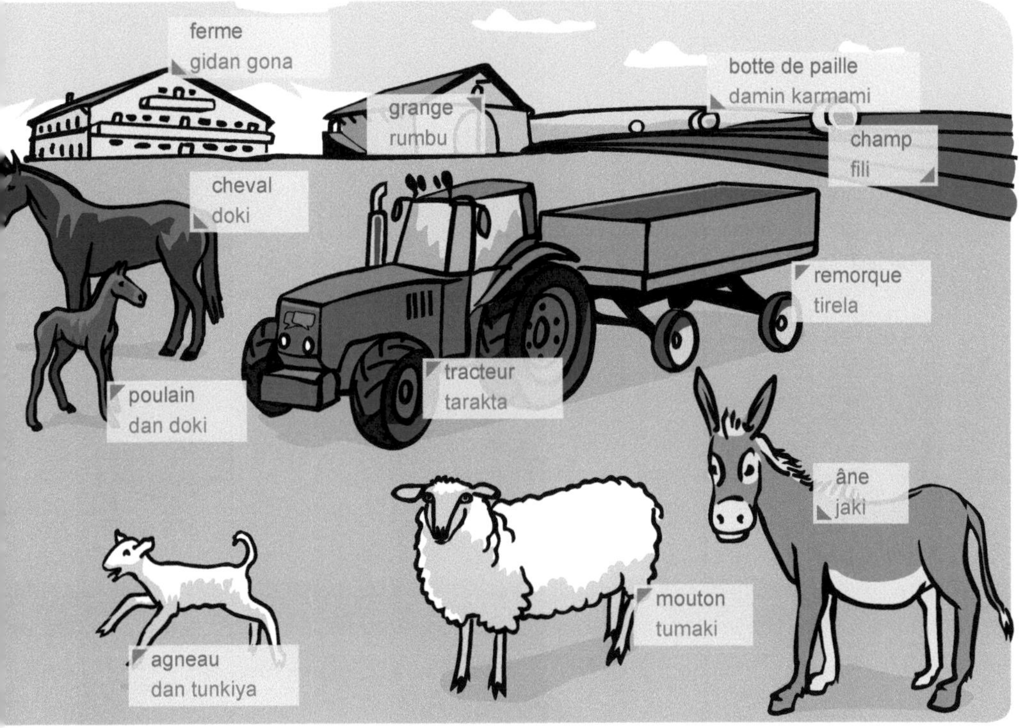

ferme
gidan gona
botte de paille
damin karmami
grange
rumbu
champ
fili
cheval
doki
remorque
tirela
tracteur
tarakta
poulain
dan doki
âne
jaki
mouton
tumaki
agneau
dan tunkiya

chèvre

akuya

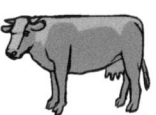

vache

saniya

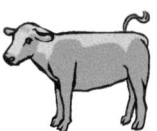

veau

maraki

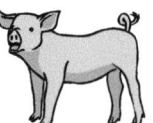

porc

alade

porcelet

dan alade

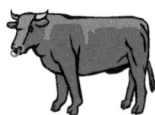

taureau

bajimi

oie

dinya

canard

agwagwa

poussin

dan tsako

poule

kaza

coq

zakara

rat

bera

chat

kyanwa

souris

bera

bœuf

takarkari

chien

kare

chenil

dakin kare

tuyau de jardin

bututun lambu

arrosoir

bokitin ban-ruwa

faucheuse

ashasha

charrue

garma

faucille
lauje

pioche
fartanya

fourche
cebur mai yatsu

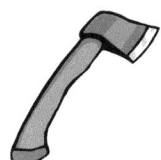

hache
gatari

brouette
wilbaro

cuve
mazubin abincin dabbobi

pot à lait
gwangwanin madara

sac
buhu

clôture
shinge

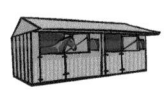

étable
barga

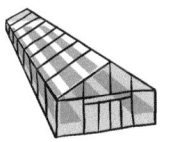

serre
koren-gida

sol
rairai

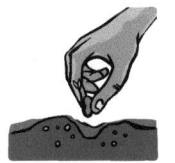

semences
iri

engrais
taki

moissonneuse-batteuse
injin girbi da sussuka

récolter
girbe

récolte
girbi

igname
doya

blé
alkama

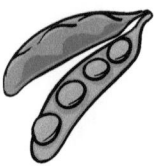

soja
waken soya

pomme de terre
dankali

maïs
dawa

colza
furen mai

arbre fruitier
bishiyar kayan marmari

manioc
rogo

céréales
hatsi

maison
gida

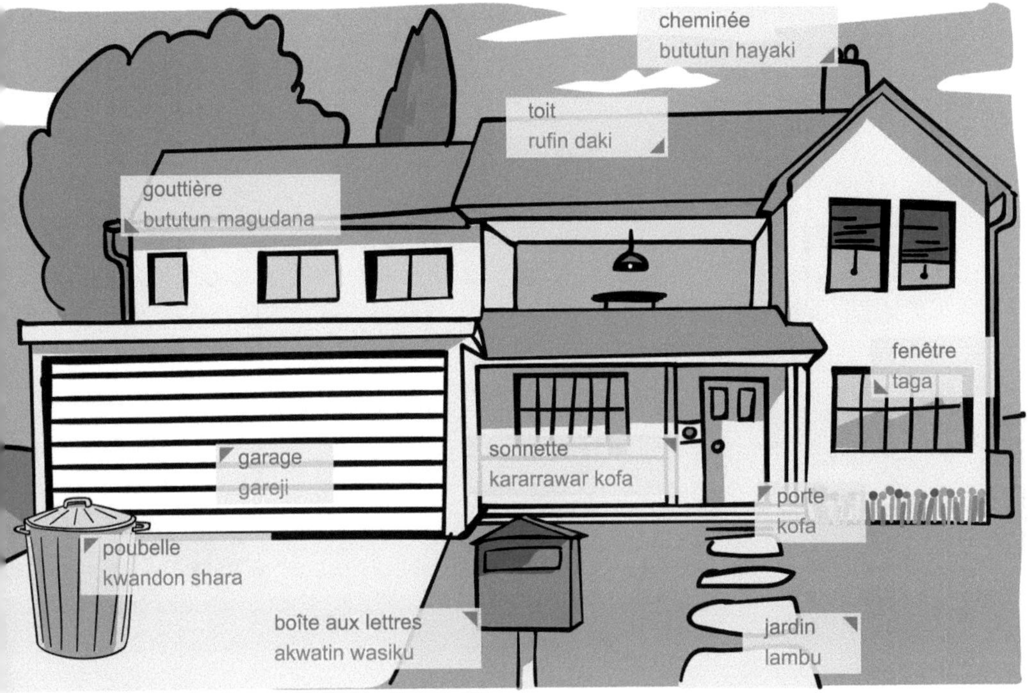

cheminée
bututun hayaki
toit
rufin daki
gouttière
bututun magudana
fenêtre
taga
sonnette
kararrawar kofa
garage
gareji
porte
kofa
poubelle
kwandon shara
boîte aux lettres
akwatin wasiku
jardin
lambu

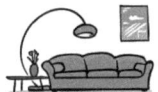

salon

falo

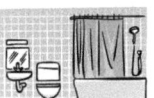

salle de bain

dakin wanka

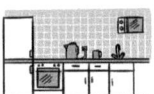

cuisine

kicin

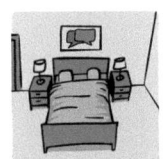

chambre à coucher

dakin kwana

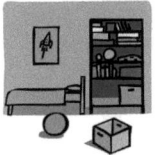

chambre d'enfant

dakin yaro

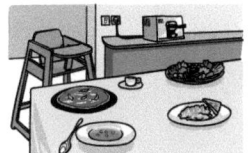

salle à manger

dakin cin abinci

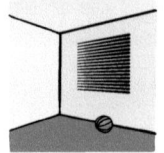

sol
dabe

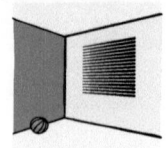

mur
bango

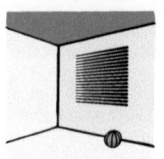

plafond
sili

cave
dakin karkashin kasa

sauna
wurin wankan dumi

balcon
barandar bene

terrasse
baranda

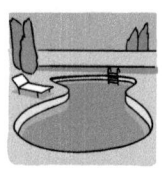

piscine
gulbin ninkaya

tondeuse à gazon
injin yanke ciyawa

housse
kwano

couette
zanen gado

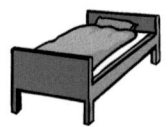

lit
gado

balai
tsintsiya

sceau
bokiti

interrupteur
makunni

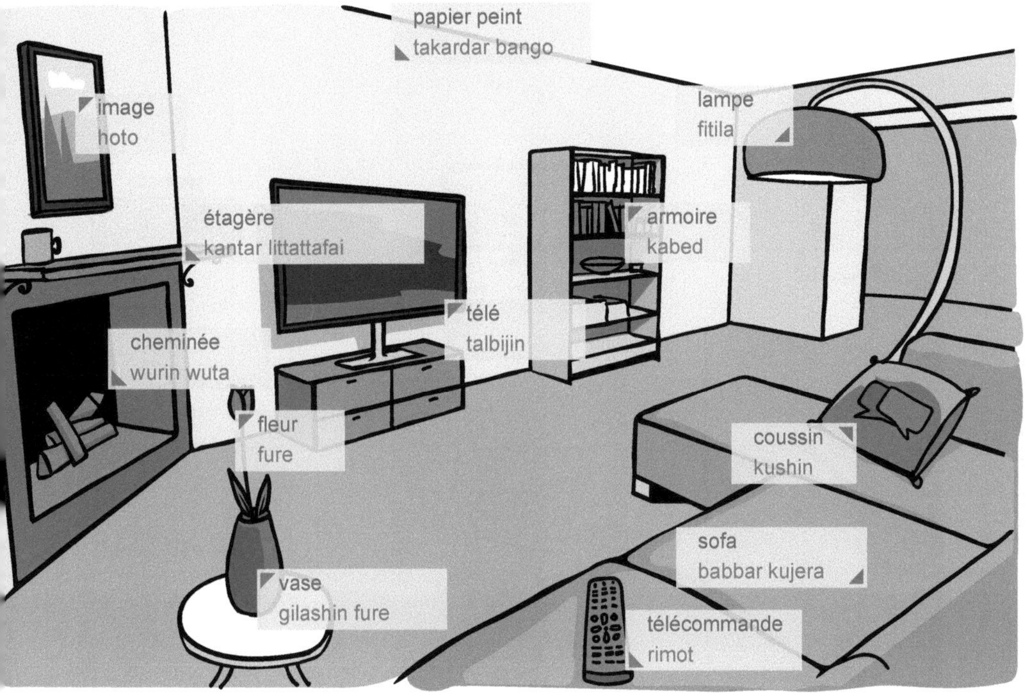

papier peint
takardar bango

image
hoto

lampe
fitila

étagère
kantar littattafai

armoire
kabed

cheminée
wurin wuta

télé
talbijin

fleur
fure

coussin
kushin

sofa
babbar kujera

vase
gilashin fure

télécommande
rimot

	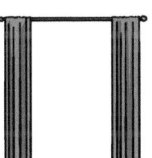	
tapis	rideau	table
darduma	labule	teburi
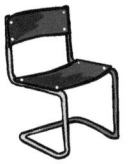		
chaise	chaise à bascule	fauteuil
kujera	kujera mai shillo	kujera mai hannu

livre

littafi

couverture

bargo

décoration

kwalliya

bois de chauffage

itacen girki

film

fim

chaîne hi-fi

kayan hi-fi

clé

makulli

journal

jarida

peinture

zanen fenti

poster

fasta

radio

rediyo

bloc-notes

takardar rubutu

aspirateur

na'urar share darduma

cactus

murtsunguwa

bougie

kyandir

cuisine
kicin

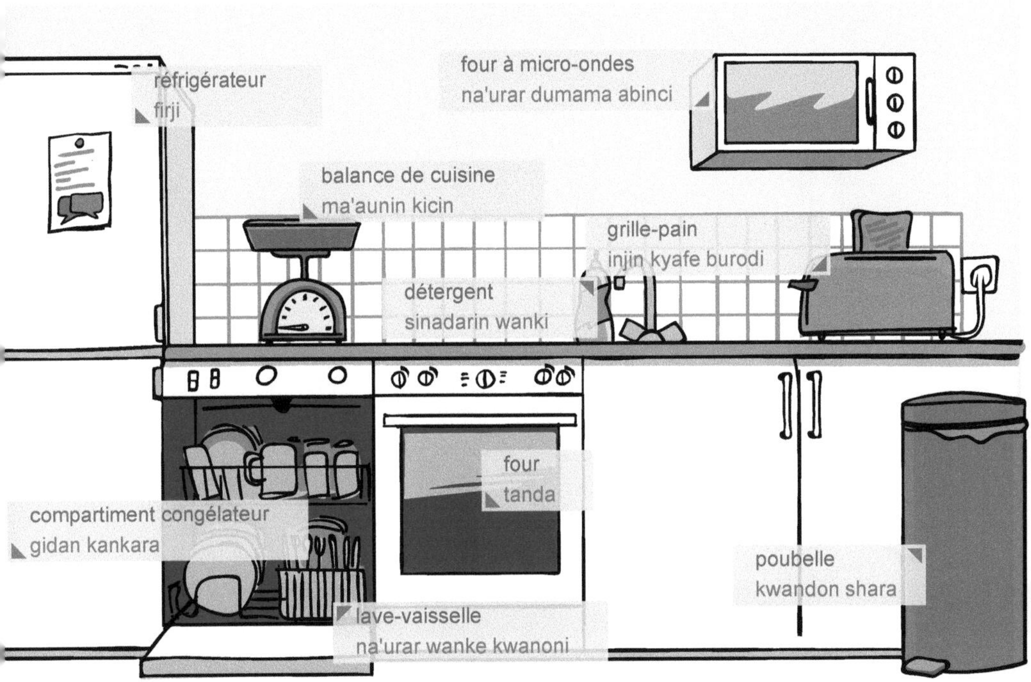

réfrigérateur
firji
four à micro-ondes
na'urar dumama abinci
balance de cuisine
ma'aunin kicin
grille-pain
injin kyafe burodi
détergent
sinadarin wanki
four
tanda
compartiment congélateur
gidan kankara
poubelle
kwandon shara
lave-vaisselle
na'urar wanke kwanoni

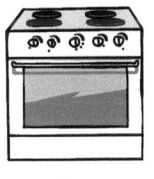

four

cooker

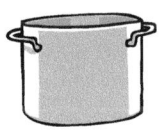

casserole

tukunya

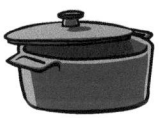

marmite

tukunyar alminiyum

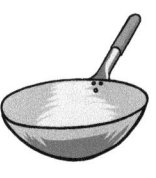

wok / kadai

kwanon suya

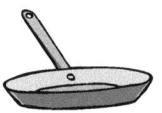

poêle

kwanan suya

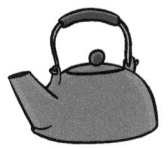

bouilloire electrique

buta

cuiseur vapeur

tukunyar dumi

plaque de cuisson

kwanan gashi

vaisselle

kayan tangaran

gobelet

tambulan

coupe

kwano

baguettes

tsinkayen cin abinci

louche

ludayi

spatule

ludayin suya

fouet

makadin kwai

passoire

rariya

tamis

mataci

râpe

na'urar nika

mortier

turmi

barbecue

balangu

cheminée

wutar sarari

planche à découper

katakon yanke-yanke

rouleau à pâtisserie

katakon murji

tire-bouchon

mabudin kwalba

boîte

gwangwani

ouvre-boîte

mabudin gwangwani

maniques

hannun tukunya

lavabo

wurin wanke-wanke

brosse

burushi

éponge

soso

mixeur

bilenda

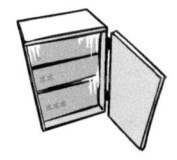

congélateur

babban gidan kankara

biberon

bulumboti

robinet

famfo

salle de bain

dakin wanka

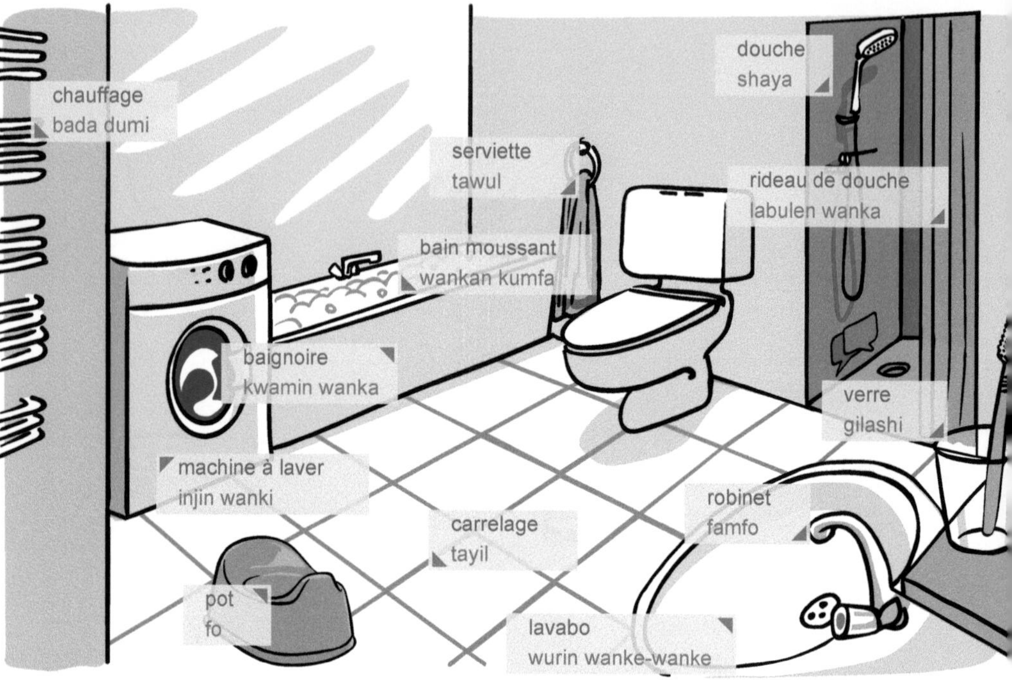
chauffage
bada dumi
serviette
tawul
douche
shaya
rideau de douche
labulen wanka
bain moussant
wankan kumfa
baignoire
kwamin wanka
machine à laver
injin wanki
verre
gilashi
robinet
famfo
carrelage
tayil
pot
fo
lavabo
wurin wanke-wanke

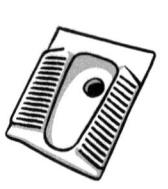

toilettes

bandaki

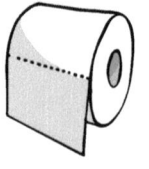

toilette à la turque

bandakin tsuguno

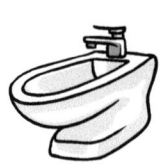

bidet

kwamin tsarki

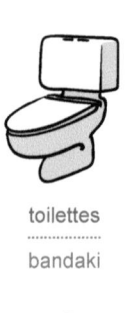

urinoir

wurin fitsari

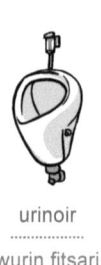

papier toilette

takardar bandaki

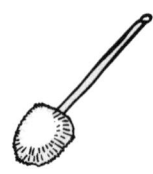

brosse à toilette

burushin bandaki

brosse à dents

burushin hakori

dentifrice

man hakori

fil dentaire

zaren sakace

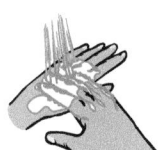

laver

wanke

douche manuelle

shayar hannu

douche intime

wankin farji

vasque

kwamin wanke hannu

brosse dorsale

burushin wanke baya

savon

sabulu

gel douche

ruwan sabulun wanka

shampooing

man gyaran gashi

gant de toilette

tsumman wanka

écoulement

lambatu

crème

kirim

déodorant

turaren kamshi

miroir

madubi

miroir cosmétique

madubin hannu

rasoir

reza

mousse à raser

man yaran fuska

après-rasage

man aski

peigne

mataji

brosse

burushi

sèche-cheveux

na'urar busar da gashi

laque pour cheveux

man gashi

fond de teint

kwalliya

rouge à lèvres

jan-baki

vernis à ongles

man farce

ouate

audugar goge kunne

coupe-ongles

almakashin yankan farce

parfum

turare

trousse de toilette

jakar wanka

tabouret

bahaya

pèse-personne

ma'aunin nauyi

peignoir

rigar wanka

gants de nettoyage

safar roba

tampon

audugar haila

serviettes hygiéniques

audugar mata

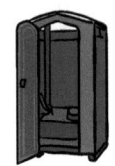

toilette chimique

bandakin tafi-da-gidanka

chambre d'enfant
dakin yaro

réveil
agogo mai kararrawa
doudou
yartsanar tsumma
voiture jouet
motar wasan yara
hochet
kara
maison de poupée
gidan 'yartsana
cadeau
kyauta

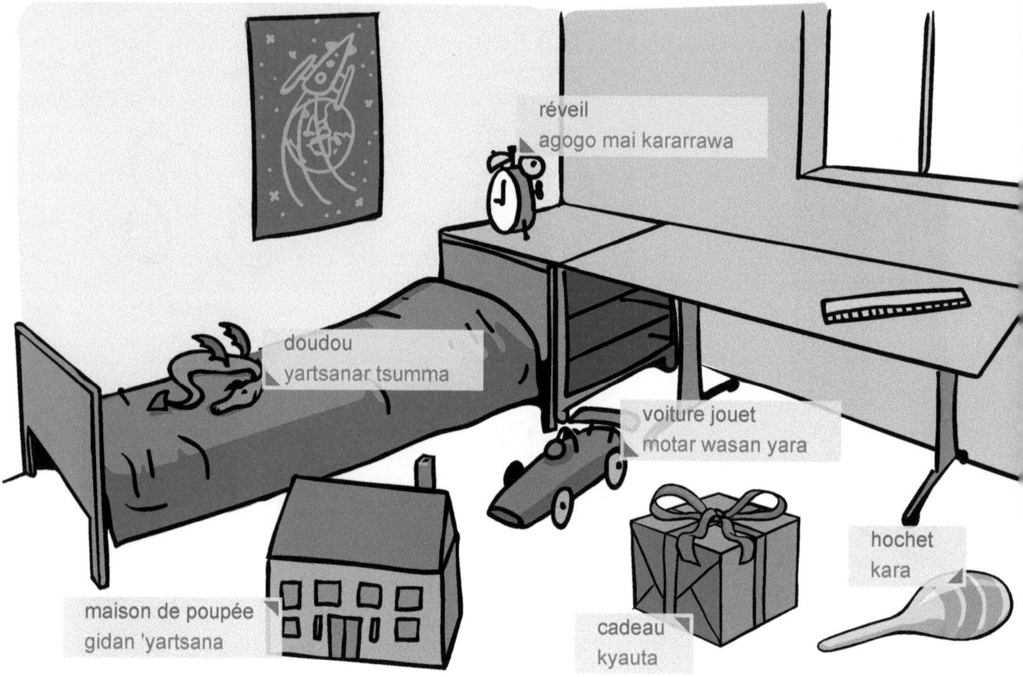

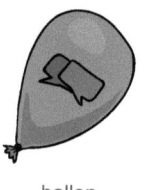

ballon

balo

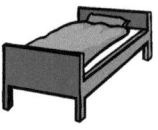

lit

gado

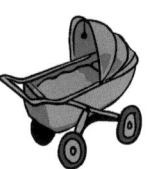

poussette

keken jarirai

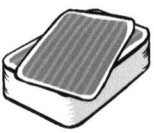

jeu de cartes

benen kwalaye

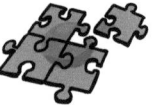

puzzle

wasa kwakwalwa

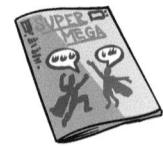

bande dessinée

ban dariya

pièces lego

tubalan roba

blocs de construction

tubalan gini

figurine

mutum-mai-aiki

grenouillère

rigar jariri

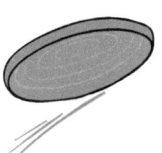

frisbee

Dokin iska

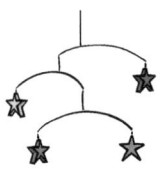

mobile

tafi-da-gidanka

jeu de société

wasan dara

dé

dan ludo

train miniature

zubin kwatancin jirgin kasa

sucette

mutum-mutumi

fête

walima

livre d'images

littafi mai hotuna

balle

kwallo

poupée

yartsana

jouer

yi wasa

bac à sable

akwatin yashi

balançoire

lilo

jouets

kayan wasan yara

console de jeu

allon wasannin bidiyo

tricycle

babur mai taya uku

ours en peluche

yartsanar tsumma

armoire

wadirob

vêtements

tufafi

chaussettes

safa

bas

sitokins

collant

matse-jiki

écharpe
adiko

parapluie
lema

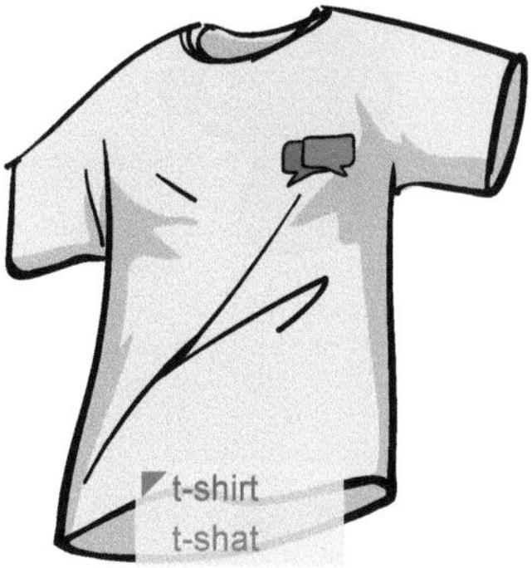

t-shirt
t-shat

ceinture
belet

bottes
takalman aiki

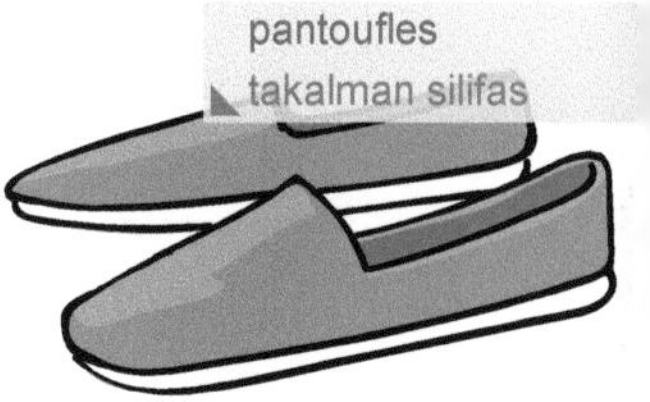

pantoufles
takalman silifas

baskets
takalman wasa

sandales

takalman sandal

chaussures

takalma

bottes de caoutchouc

takalman roba

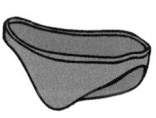

sous-vêtements

kamfai

soutien-gorge

rigar nono

maillot de corps

falmaran

body

jiki

pantalon

wando

jean

jeans

jupe

dantofi

chemisier

rigar mata

chemise

karamar riga

pull

riga mai hula

sweat à capuche

hular riga

veste

bileza

veste

jaket

manteau

kwat

imperméable

rigar ruwa

costume

kayan yayi

robe

kayan sawa

robe de mariée

rigar aure

costume

kwat da wando

chemise de nuit

rigar dare

pyjama

kayan barci

sari

sari

foulard

dankwali

turban

rawani

burqa

hijabi

caftan

kaftani

abaya

abaya

maillot de bain

rigar iyo

maillot de bain

wandon wasa

short

gajeran wando

tenue d'entraînement

kayan wasanni

tablier

kyallen aiki

gants

safar hannu

bouton

maballi

lunettes

tabarau

bracelet

awarwaro

collier

tsakiya

bague

zobe

boucle d'oreille

dan kunne

bonnet

hula

cintre

maratayin kwat

chapeau

malafa

cravate

lakataya

fermeture éclair

zi

casque

hular kwano

bretelles

masu daidaita hakori

uniforme scolaire

kayan makaranta

uniforme

yunifom

bavoir

kyallen cin abincin jariri

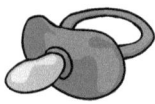

sucette

mutum-mutumi

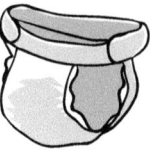

lange

kunzugu

bureau
ofis

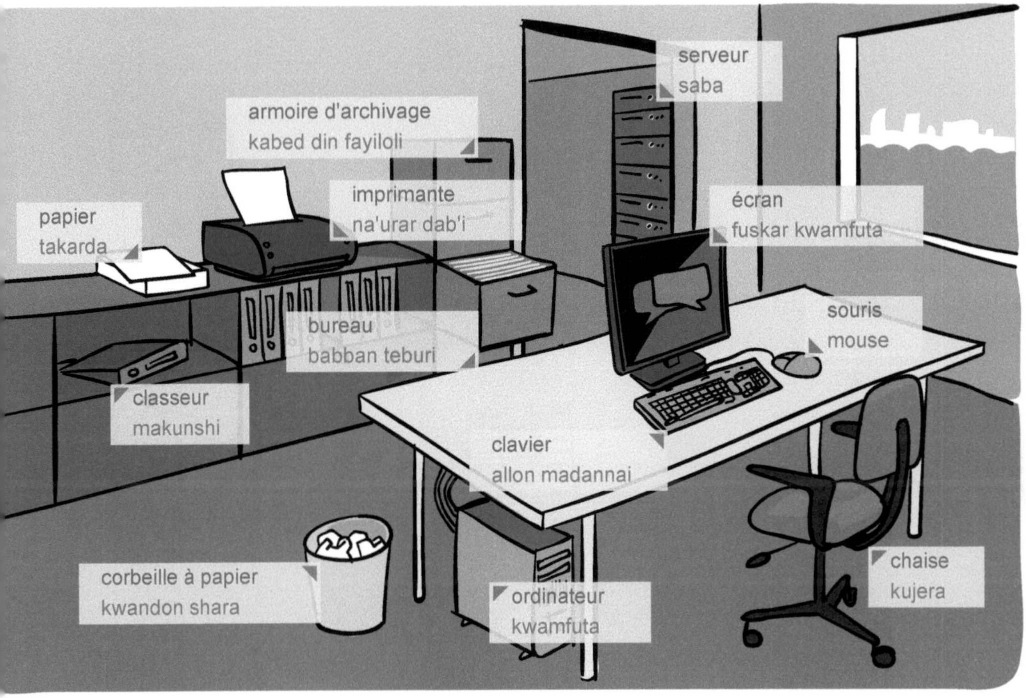

serveur
saba

armoire d'archivage
kabed din fayiloli

imprimante
na'urar dab'i

écran
fuskar kwamfuta

papier
takarda

bureau
babban teburi

souris
mouse

classeur
makunshi

clavier
allon madannai

corbeille à papier
kwandon shara

ordinateur
kwamfuta

chaise
kujera

tasse de café

tambulan kofi

calculatrice

kwakuleta

internet

intanet

ordinateur portable

laptop

lettre

wasika

message

sako

portable

tafi-da-gidanka

réseau

sadarwa

photocopieuse

na'urar hoton takarda

logiciel

kwakwalwar kwamfuta

téléphone

tarho

prise

jona soket

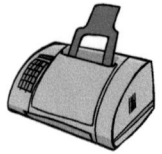

fax

na'urar faks

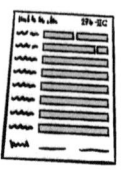

formulaire

fom

document

daftari

acheter
sayi

payer
biya

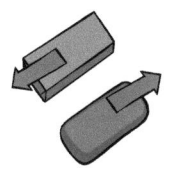

faire du commerce
yi ciniki

monnaie
kudi

dollar
dala

euro
euro

yen
yen

rouble
robul

franc suisse
franc na Swiss

renminbi yuan
renminbi yuan

roupie
rupee

distributeur automatique
injin bada kudi

bureau de change

gidan canjin kudi

or

zinare

argent

azurfa

pétrole

mai

énergie

makamashi

prix

farashi

contrat

matuntuba

taxe

haraji

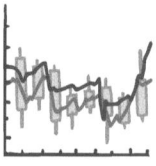

action

kaya

travailler

yi aiki

employé

ma'aikaci

employeur

mai daukar ma'aikata

usine

masana'anta

magasin

kanti

agent de police
jami'in dansanda

pompier
ma'aikaci kashe gobara

cuisinier
kuku

médecin
likita

pilote
direban jirgin sama

jardinier
mai aikin lambu

menuisier
kafinta

couturière
mace mai dinki

juge
alkali

chimiste
mai hada magunguna

acteur
jarumi

conducteur de bus

direban bas

chauffeur de taxi

direban tasi

pêcheur

masunci

femme de ménage

mace mai shara

couvreur

mai aikin rufi

serveur

sabis

chasseur

mafarauci

peintre

mai fenti

boulanger

mai yin burodi

électricien

mai gyaran lantarki

ouvrier

magini

ingénieur

injiniya

boucher

mahauci

plombier

mai gyaran famfo

facteur

mai raba wasiku

soldat
soja

architecte
mai zayyanar gidaje

caissier
mai biyan kudi

fleuriste
mai sayar da furanni

coiffeur
mai gyaran gashi

contrôleur
mai kida

mécanicien
bakanike

capitaine
kyaftin

dentiste
likitan hakori

scientifique
masanin kimiyya

rabbin
limamin yahudu

imam
liman

moine
mai ibadar kirista

prêtre
malamin addini

outils

kayan aiki

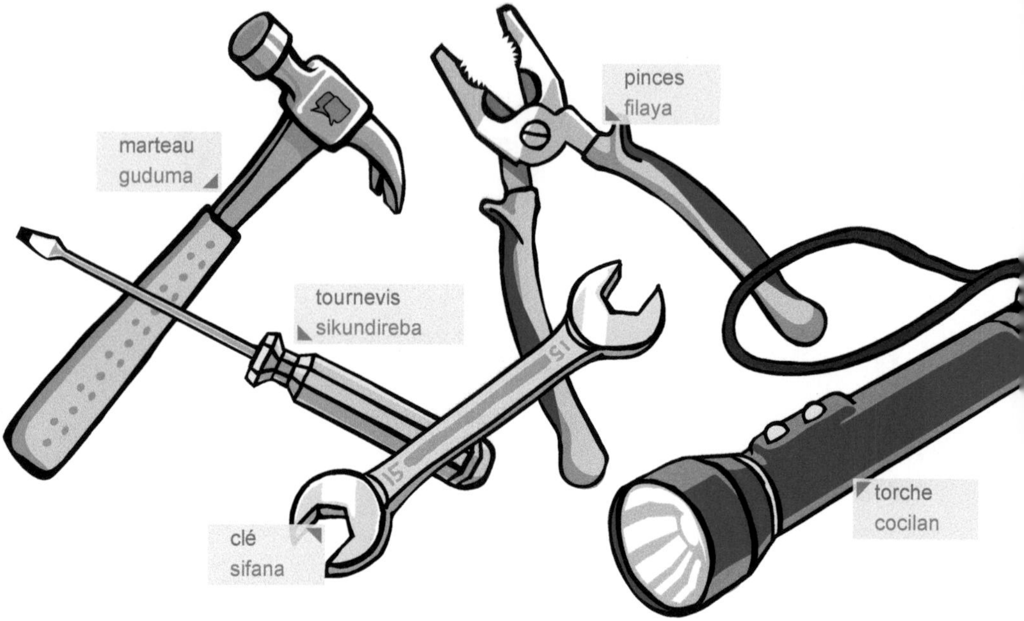
marteau
guduma
pinces
filaya
tournevis
sikundireba
clé
sifana
torche
cocilan

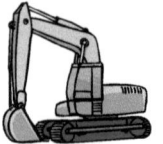

pelleteuse

diga

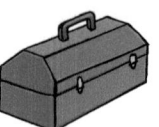

boîte à outils

akwatin kayan aiki

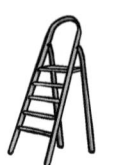

échelle

tsani

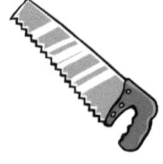

scie

zarto

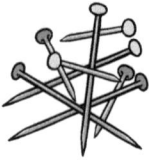

clous

kusoshi

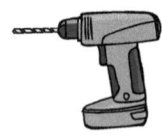

perceuse

abin hudawa

réparer

gyara

pelle

chebur

Mince !

Tafdi!

pelle

makwashin shara

pot de peinture

tukunyar fenti

vis

kusoshi masu barima

instruments de musique
kayan kida

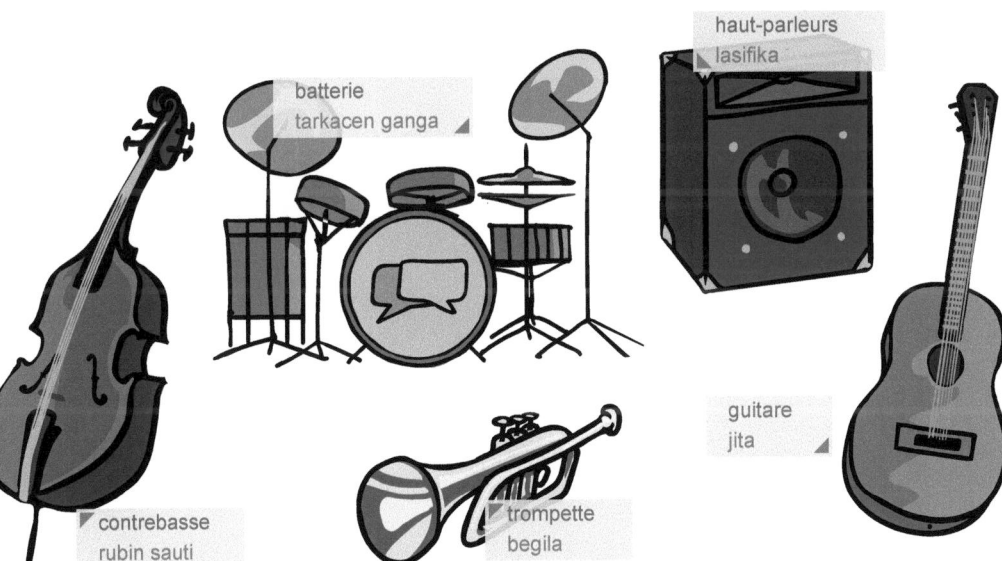

batterie
tarkacen ganga

haut-parleurs
lasifika

contrebasse
rubin sauti

trompette
begila

guitare
jita

piano

fiyano

violon

goge

basse

karamin sauti

timbales

gangunan timpani

tambour

ganguna

piano électrique

masarrafin fiyano

saxophone

saxophone

flûte

sarewa

microphone

makirfo

zoo

gidan namun daji

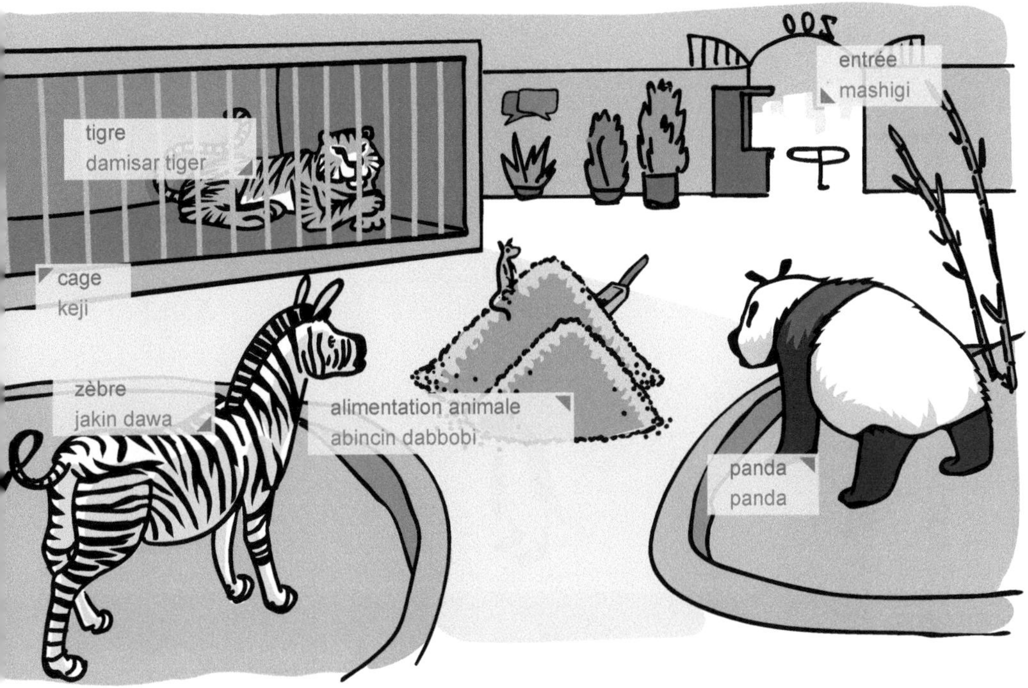

entrée
mashigi
tigre
damisar tiger
cage
keji
zèbre
jakin dawa
alimentation animale
abincin dabbobi
panda
panda

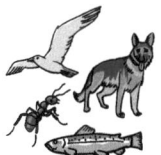

animaux

dabbobi

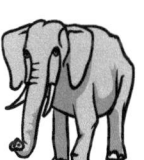

éléphant

giwa

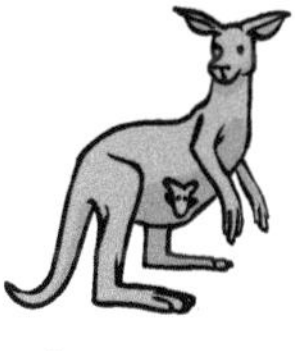

kangourou

babba-da-jaka

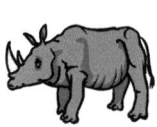

rhinocéros

karkanda

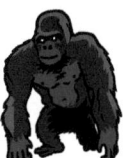

gorille

goggon biri

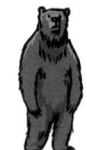

ours

dabbar bear

chameau

rakumi

autruche

jimina

lion

zaki

singe

biri

flamand rose

dinya

perroquet

aku

ours polaire

bear ta yankin kankara

pingouin

penguin

requin

kifin shark

paon

dawisu

serpent

maciji

crocodile

kada

gardien de zoo

mai tsaro zu

phoque

seal

jaguar

damisar jaguar

poney

dukushi

léopard

damisar leopard

hippopotame

mugun dawa

girafe

rakumin dawa

aigle

mikiya

sanglier

aladen daji

poisson

kifi

tortue

kunkuru

morse

walrus

renard

dila

gazelle

barewa

american Football
kwallon kafar Amurka

cyclisme
tseren keke

tennis
wasan tennis

basket-ball
kwallon kwando

natation
ninkaya

boxe
dambe

hockey sur glace
kwallon gora na cikin ka

football	badminton	athlétisme
kwallon kafa	badiminton	wasannin motsa jiki

handball	ski	polo
kwallon hannu	wasan kan kankara	kwallon dawaki

activités
harkoki

sauter
yi tsalle
embrasser
rungumi
rire
yi dariya
marcher
yi tattaki
chanter
rera waka
rêver
mafarki
prier
yi addu'a
faire la bise
sumbaci

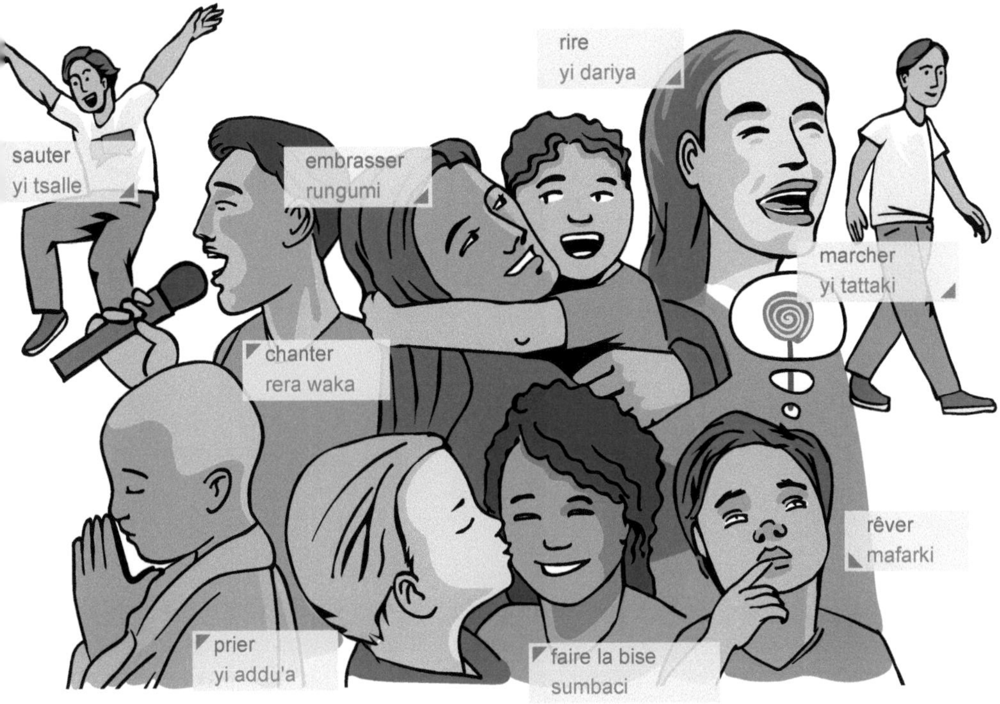

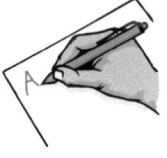

écrire
rubuta

dessiner
zana

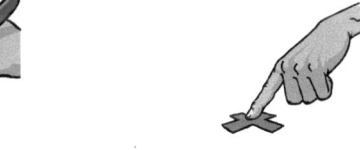

montrer
nuna

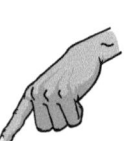

pousser
tura

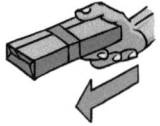

donner
bayar

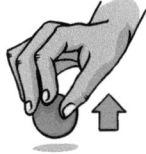

prendre
dauki

avoir

sami

faire

yi

être

kasance

être debout

tsaya

courir

gudu

trier

jawo

jeter

jefa

tomber

faduwa

être couché

yi karya

attendre

jira

porter

dauki

être assis

zauna

s'habiller

sanya tufafi

dormir

yi barci

se réveiller

farka

regarder
kalli

pleurer
kuka

caresser
bugi

peigner
taje

parler
yi magana

comprendre
fahimci

demander
tambayi

écouter
saurari

boire
sha

manger
ci

ranger
tattare

aimer
yi soyayya

cuire
dafa

conduire
yi tuki

voler
tashi

faire de la voile

tafi a kwalekwale

calculer

kwakuleta

lire

karanta

apprendre

koyi

travailler

yi aiki

se marier

yi aure

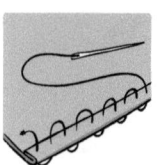

coudre

dinka

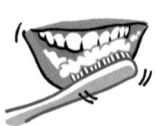

brosser les dents

goge hakora

tuer

kashe

fumer

busa taba

envoyer

aika

grand-mère
kaka mace

grand-père
kaka namiji

père
uba

mère
uwa

bébé
jariri

fille
ya

fils
da

hôte

bako

tante

gwaggo

oncle

kawu

frère

dan'uwa

sœur

yar'uwa

corps

jiki

front
goshi
œil
ido
visage
fuska
menton
ha'ba
doigt
yatsa
main
hannu
épaule
kafada
jambe
kafa
poitrine
nono
bras
damtse

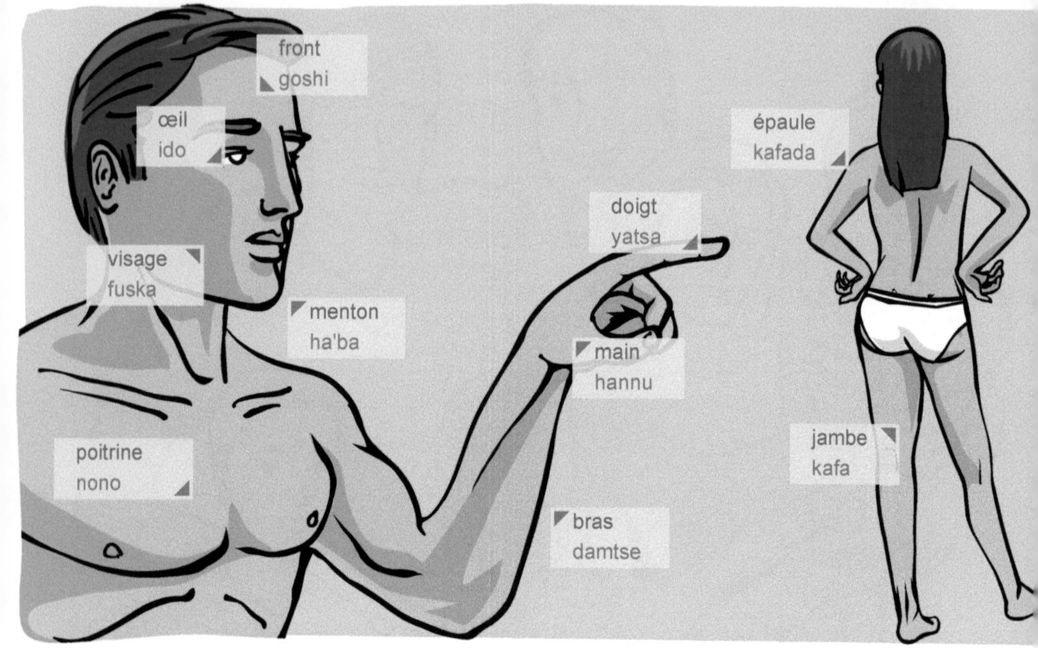

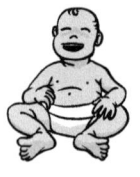

bébé

jariri

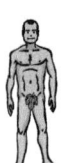

homme

mutum

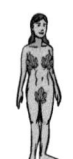

femme

mace

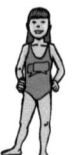

fille

yarinya

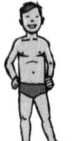

garçon

yaro

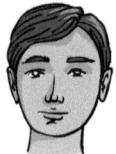

tête

kai

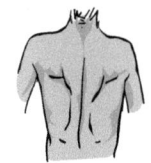

dos
....
baya

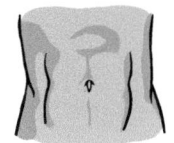

ventre
....
tulun ciki

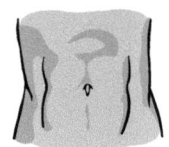

nombril
....
maballin ciki

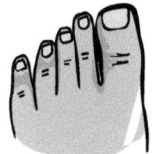

orteil
....
yatsan kafa

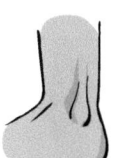

talon
....
dudduge

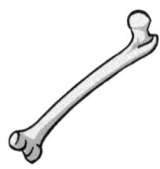

os
....
kashi

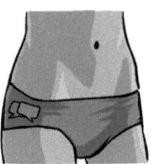

hanche
....
kugu

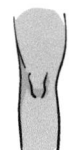

genou
....
guiwa

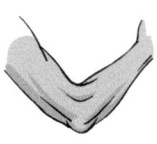

coude
....
guiwar hannu

nez
....
hanci

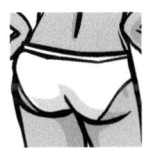

fesses
....
kasa

peau
....
fata

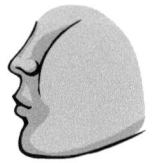

joue
....
kumatu

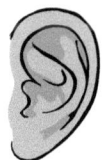

oreille
....
kunne

lèvre
....
lebe

bouche

wata

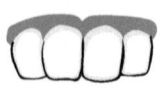

dent

hakori

langue

harshe

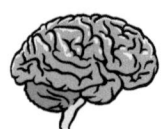

cerveau

kwakwalwa

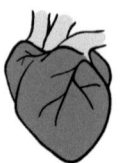

cœur

zuciya

muscle

kwanji

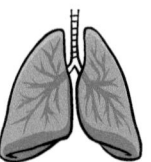

poumons

huhu

foie

hanta

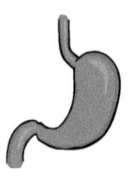

estomac

ciki

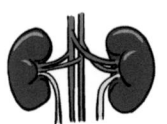

reins

koda

rapport sexuel

jima'i

préservatif

kwaroron roba

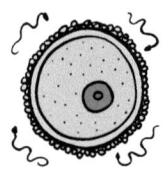

ovule

kwan mahaifa

sperme

maniyyi

grossesse

juna-biyu

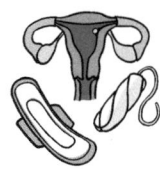

menstruation
haila

vagin
farji

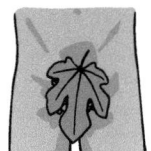

pénis
zakari

sourcil
gira

cheveux
gashi

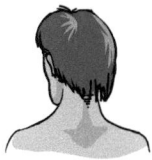

cou
wuya

hôpital
asibiti

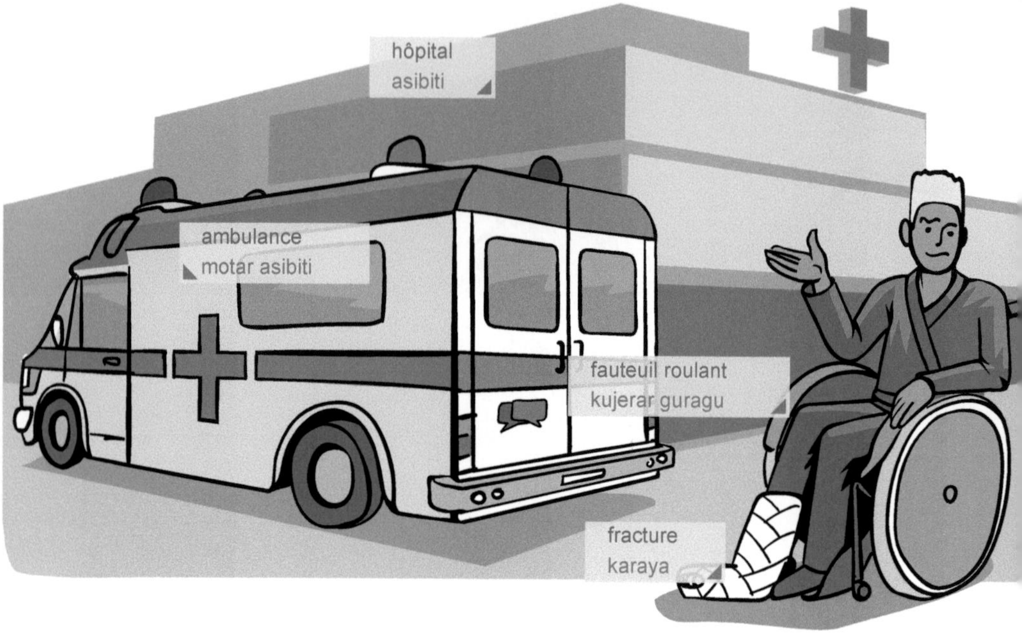

hôpital
asibiti
ambulance
motar asibiti
fauteuil roulant
kujerar guragu
fracture
karaya

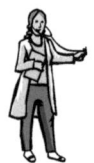

médecin

likita

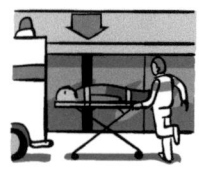

service des urgences

dakin kulawar gaggawa

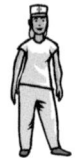

infirmière

ma'aikaciyar jinya

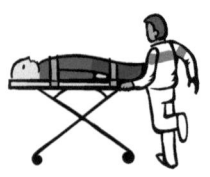

urgence

na gaggawa

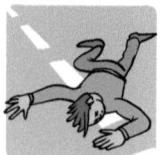

inconscient

magashiyyan

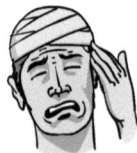

douleur

radadi

blessure
....
rauni

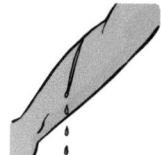

hémorragie
....
zubar jini

crise cardiaque
....
bugun zuciya

attaque cérébrale
....
bugun jini

allergie
....
kyan-jiki

toux
....
tari

fièvre
....
zazzabi

grippe
....
mura

diarrhée
....
gudawa

mal de tête
....
ciwon kai

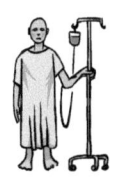

cancer
....
cutar sankara

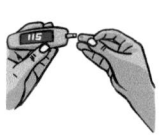

diabète
....
ciwon suga

chirurgien
....
likitan tiyata

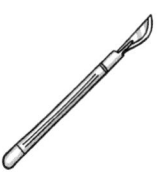

scalpel
....
wukar likita

opération
....
tiyata

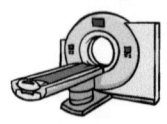

CT

CT

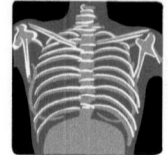

radiographie

hoton kirji

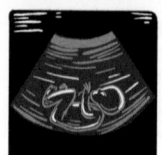

échographie

hoton ciki

masque

marufin fuska

maladie

cuta

salle d'attente

dakin jira

béquille

madogari

pansement

filasta

pansement

bandeji

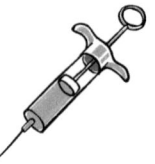

injection

allura

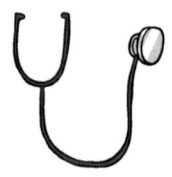

stéthoscope

na'urar awon zuciya

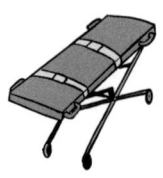

brancard

gadon daukar marar lafiya

thermomètre

na'urar auna zafin jiki

accouchement

haihuwa

surcharge pondérale

yawan nauyi

appareil auditif

abin kara ji

désinfectant

sinadarin kashe kwayoyin cuta

infection

kamuwar cuta

virus

kwayar cuta

VIH / sida

Cutar Kanjamau

médicament

magani

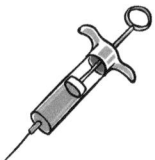

vaccination

riga-kafi

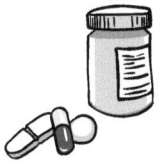

comprimés

kwayoyin magani

pilule

magani

appel d'urgence

kiran gaggawa

tensiomètre

ma'aunin hawan jini

malade / sain

cuta / lafiya

Au secours !

Taimako!

alarme

kararrawa

assaut

farmaki

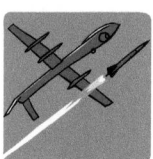

attaque

hari

danger

hatsari

sortie de secours

kofar ko-takwana

Au feu!

Wuta!

extincteur

abin kashe wuta

accident

hadari

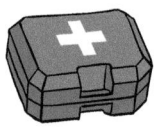

trousse de premier secours

kayan taimakon gaggawa

SOS

Neman taimako

police

dansanda

Europe

Turai

Amérique du Nord

Amurka ta Arewa

Amérique du Sud

Amurka ta Kudu

Afrique

Afirka

Asie

Asiya

Australie

Australia

Océan atlantique

Atlantika

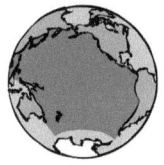

Océan pacifique

Pacific

Océan indien

Tekun Indiya

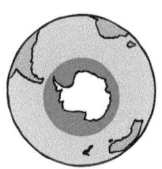

Océan antarctique

Tekun Antatika

Océan arctique

Tekun Arctic

pôle nord

Barin duniya na Arewa

pôle sud

Barin duniya na Kudu

Antarctique

Antatika

terre

Kasa

pays

tsandauri

mer

kogi

île

tsibiri

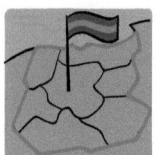

nation

kasa

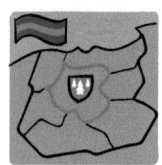

état

jiha

cadran

fuskar agogo

aiguille des heures

hannun awa

aiguille des minutes

hannun mintuna

aiguille des secondes

hannun dakika

Quelle heure est-il ?

Karfe nawa yanzu?

jour

rana

temps

lokaci

maintenant

yanzu

montre digitale

agogon dijita

minute

minti

heure

awa

semaine

mako

lundi
Litinin — MO

mardi
Talata — TU

mercredi
Laraba — W

jeudi
Alhamis — TH

vendredi
Juma'a — FR

samedi
Asabar — SA

dimanche
Lahadi — SO

hier
jiya

aujourd'hui
yau

demain
gobe

matin
safiya

midi
tsakar rana

soir
yamma

jours ouvrables
ranakun kasuwanci

week-end
karshen mako

année
shekara

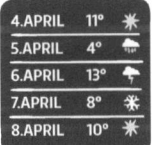

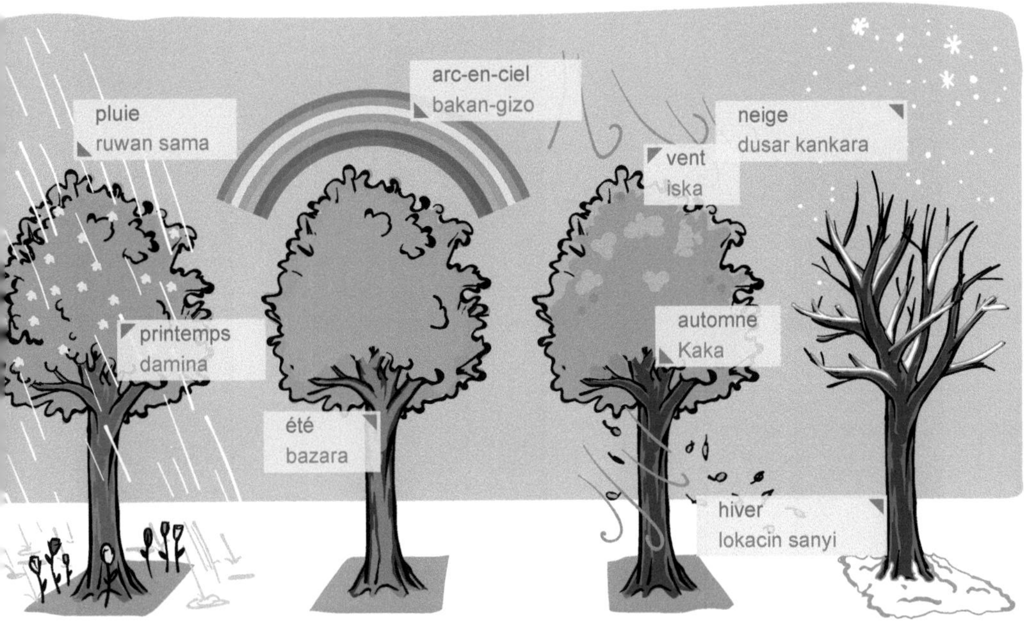
pluie
ruwan sama
arc-en-ciel
bakan-gizo
vent
iska
neige
dusar kankara
printemps
damina
été
bazara
automne
Kaka
hiver
lokacin sanyi

4.APRIL 11°
5.APRIL 4°
6.APRIL 13°
7.APRIL 8°
8.APRIL 10°

météo
hasashen yanayi

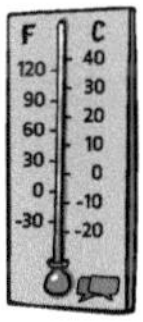
F C
120 40
90 30
60 20
30 10
0 0
-30 -10
-20

thermomètre
na'urar gwajin zafi da sanyi

lumière du soleil
hasken rana

nuage
gajimare

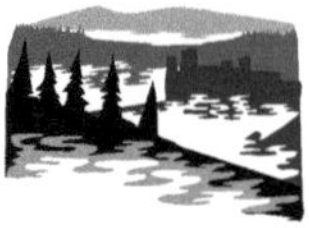

brouillard
hazo

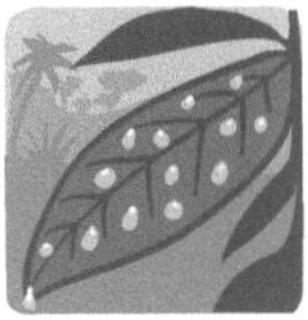

humidité
dumi

foudre

walkiya

tonnerre

aradu

tempête

guguwa

grêle

kankarar ruwan sama

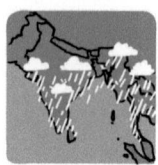

mousson

iskar bazara

inondation

ambaliyar ruwa

glace

kankara

janvier

Janairu

février

Fabarairu

mars

Maris

avril

Afirilu

mai

Mayu

juin

Yuni

juillet

Yuli

août

Agusta

année - shekara

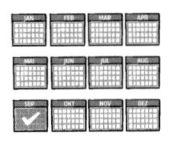

septembre

Satumba

octobre

Oktoba

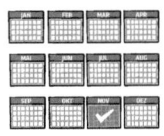

novembre

Nuwamba

décembre

Disamba

formes
siffofi

cercle

da'ira

carré

murabba'i

rectangle

kusurwa hudu

triangle

kusurwa uku

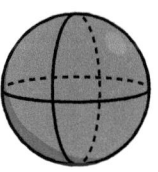

sphère

mulmulalle

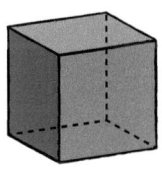

cube

dunkule

blanc

fari

jaune

rawaya

orange

ruwan lemo

rose

ruwan shanshanbali

rouge

ja

violet

garura

bleu

shudi

vert

kore

marron

ruwan kasa

gris

ruwan toka

noir

baki

beaucoup / peu

da yawa / kadan

fâché / calme

fushi / nutsuwa

joli / laid

kyakkyawa / mummuna

début / fin

farko / karshe

grand / petit

babba / karami

clair / obscure

mai haske / mai duhu

frère / soeur

dan uwa / 'yar uwa

propre / sale

mai tsafta / kazami

complet / incomplet

cikakke / maras cika

jour / nuit

rana / dare

mort / vivant

matacce / mai rai

large / étroit

mai fadi / matsattse

comestible / incomestible

na ci / ba na ci ba

méchant / gentil

mugu / mai tausayi

excité / ennuyé

mai karsashi / gajiyayye

gros / mince

kakkaura / siriri

premier / dernier

na farko / na karshe

ami / ennemi

aboki / makiyi

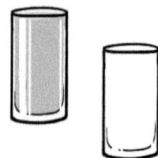

plein / vide

cikakke / holoko

dur / souple

mai tauri / mai laushi

lourd / léger

mai nauyi / marar nauyi

faim / soif

yunwa / kishin ruwa

malade / sain

cuta / lafiya

illégal / légal

haramtacce / halastacce

intelligent / stupide

mai basira / dakiki

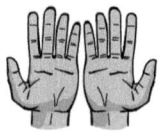

gauche / droite

hagu / dama

proche / loin

kusa / nesa

oppositions - kishiyoyi

nouveau / usé

sabo / na-hannu

rien / quelque chose

ba komai / wani abu

vieux / jeune

tsoho / yaro

marche / arrêt

kunna / kashe

ouvert / fermé

a bude / a rufe

faible / fort

shiru / kara

riche / pauvre

mai arziki / talaka

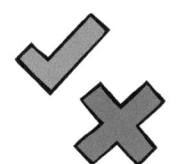

correct / incorrect

daidai / bata

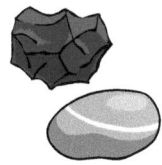

rugueux / lisse

mai kaushi / mai santsi

triste / heureux

bakin ciki / farin ciki

court / long

gajere / dogo

lent / rapide

a sannu / da sauri

mouillé / sec

jikakke / busasshe

chaud / froid

dumi / sanyi

guerre / paix

yaki / zaman lafiya

0

zéro

sifili

1

un / une

daya

2

deux

biyu

3

trois

uku

4

quatre

hudu

5

cinq

biyar

6

six

shida

7

sept

bakwai

8

huit

takwas

9

neuf

tara

10

dix

goma

11

onze

goma sha daya

12

douze

goma sha biyu

13

treize

goma sha uku

14

quatorze

goma sha hudu

15

quinze

goma sha biyar

16

seize

goma sha shida

17

dix-sept

goma sha bakwai

18

dix-huit

goma sha takwas

19

dix-neuf

goma sha tara

20

vingt

ashirin

100

cent

dari

1.000

mille

dubu

1.000.000

million

miliyan

anglais

Turanci

anglais américain

Turancin Amurka

chinois mandarin

Mandarin na China

hindi

Hindi

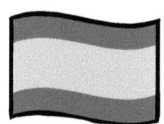

espagnol

Sifaniyanci

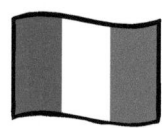

français

Faransanci

arabe

Larabci

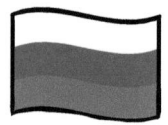

russe

Yaren Rasha

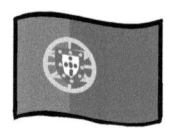

portugais

Yaren Portugal

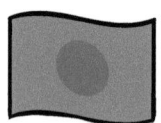

bengali

Bengali

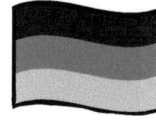

allemand

Yaren Jamus

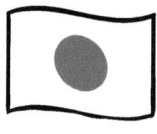

japonais

Yaren Japan

je
ni

tu
kai

il / elle / ce, c', cela
shi / ita / ita

nous
mu

vous
ku

ils / elles
su

Qui ?
wa?

Quoi ?
me?

Comment ?
ya ya?

Où ?
a ina?

Quand ?
yaushe?

nom
suna

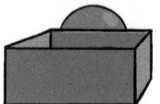

derrière

a baya

dans

a ciki

devant

a gaban

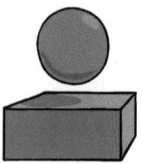

au-dessus

saman

sur

akai

en-dessous

karkashi

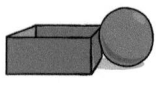

à côté de

a gefe

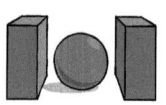

entre

a tsakani

lieu

wuri